조선 세우기 프로젝트

재미만만 한국사 13
조선 세우기 프로젝트

초판1쇄 발행 2020년 9월 23일 | 초판14쇄 발행 2024년 12월 10일
글 김해등 | 그림 오승만 | 감수 하일식
발행인 이봉주 | 편집장 안경숙 | 기획 안경숙, 구름돌 | 편집 및 디자인 구름돌
디자인 포맷 구름돌, 민트플라츠 송지연 | 마케팅 정지운, 박현아, 원숙영, 김지윤, 황지영 | 제작 신홍섭

펴낸곳 (주)웅진씽크빅 | 주소 경기도 파주시 회동길 20 (우)10881
문의전화 031)956-7440(편집), 031)956-7569, 7570(마케팅)
홈페이지 www.wjjunior.co.kr | 블로그 blog.naver.com/wj_junior
페이스북 facebook.com/wjbook | 트위터 @new_wjjr | 인스타그램 @woongjin_junior
출판신고 1980년 3월 29일 제406-2007-00046호 | 제조국 대한민국 | 사용연령 7세 이상

글ⓒ김해등, 2020 | 그림ⓒ오승만, 2020
저작권자와 맺은 특약에 따라 검인을 생략합니다.

웅진주니어는 (주)웅진씽크빅의 유아·아동·청소년 도서 브랜드입니다.
이 책은 저작권법에 의해 한국 내에서 보호를 받는 저작물이므로 무단전재와 복제를 금하며,
이 책 내용의 전부 또는 일부를 이용하려면 반드시 저작권자와 (주)웅진씽크빅의 서면 동의를 받아야 합니다.

ISBN 978-89-01-24416-7 · 978-89-01-24403-7(세트)

잘못 만들어진 책은 바꾸어 드립니다.
▲주의 1. 책 모서리가 날카로워 다칠 수 있으니 사람을 향해 던지거나 떨어뜨리지 마십시오. 2. 보관 시 직사광선이나 습기 찬 곳은 피해 주십시오.

조선 세우기 프로젝트

글 김해등 | 그림 오승만

웅진주니어

재미만만 한국사
조선
차례

1 새 나라가 필요해!
6~27쪽

이름: 부투리
직업: 심부름꾼
별명: 껌딱지

이성계 장군의 심부름꾼으로, 장군 옆에 껌딱지처럼 찰싹 붙어 다닌다. 표정만 봐도 뭐가 필요한지 딱 알아챌 정도로 눈치가 빠른 편!

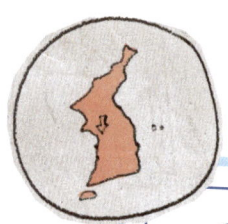

2 새 나라, 그 이름은 조선
28~51쪽

이름: 이성계(태조)
직업: 장군, 왕
특기: 전쟁에서 승리하기

말 잘 타고, 활 잘 쏘고, 무술도 뛰어난 장군 중의 장군. 백성들에게도 인기 만점. 불의를 못 참는 성격으로, 누구에게라도 할 말은 한다.

3. 수도를 한양으로 52~69쪽

이름: 정도전
특기: 설계하기
취미: 독서

한번 세운 뜻은 목에 칼이 들어와도 굽히지 않는 성격. 게다가 꼼꼼하고 계획적이기까지 한 완벽주의자로, 새로운 세상을 꿈꾼다.

4. 새 나라를 강하게! 70~89쪽

이름: 이방원(태종)
직업: 왕
성격: 열정적

아는 것도 많고, 싸움도 잘하는 팔방미인! 새 세상과 아버지를 위해서라면 물불 가리지 않는 행동파. 조선을 세우는 데 큰 공을 세운다.

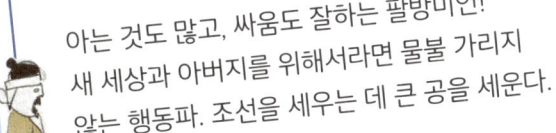

1 새 나라가 필요해!

나는 심부름꾼 부투리야!
옆에 딱 붙어 있으라고 장군님이 지어 주신 이름이지.
하지만 다른 심부름꾼하곤 달라.
왜냐고? 나는 이성계 장군님을 모시기 때문이지.
이성계 장군님이 누구야?
고려 백성들의 존경과 사랑을 한 몸에 받는 분이잖아.
"이성계 장군님, 만세!"
저기 장군님을 우러르는 백성들 좀 봐.
역시 우리 장군님 인기는 하늘을 찌른다니까.

이성계 장군님이 고려의 장군이 된 건 공민왕 때였어.
공민왕이 원나라에 빼앗긴 땅을 되찾으려고 함경도의 원나라군을 공격할 때였지.
"이곳은 제가 잘 압니다!"
함경도가 고향인 장군님은 이 전투에서 큰 공을 세우셨어.
"이성계를 고려의 장군으로 임명한다!"
그 뒤로도 장군님은 나라를 위해 몸을 아끼지 않으셨어.
남쪽에서 왜구가 쳐들어오면 왜구를 물리치고,

북쪽에서 홍건적이 몰려오면
홍건적을 물리쳤지.
장군님을 따르는 백성도
점점 늘어 갔어.
우리 장군님, 정말 멋지지?

장군님이 바쁘게 전쟁터를 누비는 동안
나라 안에서는 큰일이 벌어졌어.
"신하들이 공민왕을 죽였대!"
"글쎄, 새로 왕이 된 우왕은 열 살밖에 안 됐다지 뭐야!"

"어휴, 그렇게 어린 아이가
나라를 다스릴 수 있을까?"
백성들의 걱정대로,
이때부터 고려는
걷잡을 수 없이 기울어 갔어.
높은 관리들은 자기들
잘살 궁리만 했고,
백성들의 생활은 날로
어려워졌지.

"휴, 온 나라에 도적 떼가 들끓는구나!"
장군님은 혼잣말로 나라 걱정을 하셨어.
서당 개 삼 년이면 풍월을 읊는다잖아?
나도 나라 돌아가는 것쯤은 알게 됐어.
"홍건적과 왜구를 두고 하는 말씀이시죠?"
"그 도적들 말고 또 있단다."
"누구인데요?"
"권력을 쥐고 있는 권문세족들과 승려들이란다.
백성들의 땅이나 집을 강제로 빼앗으니
도적 떼가 아니고 무엇이겠느냐?"
맞아, 권문세족들과 절의 승려들은 더 큰 부자가 되려고
물불을 안 가렸어.
백성들은 이들에게 집도 땅도 다 뺏기고
들과 산을 헤매다 죽거나,
남의 나라로 도망치기도 했어.
그도 저도 못 하면 귀족 집의 하인이 되거나.

홍건적과 왜구보다 더한 도적이네요.

이런······.

권문세족들은 남의 땅과 노비를 빼앗기 바빴어.

승려들은 뭐든 팔아 돈 벌기에 열을 올렸지.

장군님이 깊은 시름에 잠겼을 때였어.
정도전 대감과 신진 사대부들이 장군님을 뵙고자 찾아왔어.
신진 사대부는 과거 시험에 합격한 젊은 관리들인데
나라를 바로 세우려고 장군님과 함께 늘 고민하였지.

얼마 뒤, 궁궐에 다녀온
장군님이 중얼거리셨어.
"명나라가 철령의 북쪽 땅을
차지하려 하다니,
말도 안 되지."
그사이 중국에서는 명나라가
원나라를 몰아내고 중국을 차지했거든.
"네? 그곳은 공민왕이 원나라를 내쫓고
겨우 다시 찾은 고려 땅이잖아요."
"그래, 그곳을 명나라에 주지 않으면
고려를 공격하겠다고 겁을 주는구나.
이를 어찌해야 할지……."

다음 날, 장군님은 무거운 마음으로 궁궐로 들어가셨어.
"명나라의 요구는 얼토당토않습니다!"
최영 장군이 발끈하며 나섰대.
최영 장군이 누구야?
우왕을 도와 나라를 이끌고 있잖아.
우왕도, 백성들도 하나같이 최영 장군을 믿고 따랐지.
"그럼 어떻게 해야겠소?"
"우리가 먼저 명나라의 요동 지역을 쳐야 합니다!"
모두 겁이 나서 눈치만 보고 있었지만
우리 이성계 장군님은 달랐어.

이성계 장군님은 당당하게 요동 정벌에 반대하셨지.
명나라가 못마땅하더라도
지금은 전쟁을 벌일 때가 아니라고 판단하신 거야.

요동 공격 반대 이유 네 가지!

첫째, 작은 나라가 큰 나라를 거스르는 것은 무리임.

둘째, 한창 농사철인 여름철에 군사를 일으키면 농사에 피해가 큼.

셋째, 요동을 칠 때 간신히 물리쳤던 왜구가 다시 침략할지 모름.

넷째, 곧 장마철이라 활을 제대로 쓸 수가 없고, 전염병이 번질 우려가 큼.

그래도 명나라에 당하고 있을 수는 없소. 당장 명나라의 요동을 공격하시오!

장군님은 최영 장군의 명령을 따를 수밖에 없었어.
나도 장군님을 따라갔는데,
장군님은 요동으로 가는 내내 생각이 많아 보이셨지.
우리가 압록강에 있는 위화도에 도착했을 때야.
갑자기 큰비가 내리기 시작했어.
병사들이 불어난 강물에 휩쓸려 가고,

으악!

이럴 수가!

지친 말들은 콧김만 푹푹 내쉬며 꼼짝하지 않았어.

엎친 데 덮친다고 병까지 나돌았어. 벌써 장마가 시작된 게 분명했어.

"병에 걸린 병사들이 이렇게나 늘다니!"

"아이고, 배야!"

장군님이 급히 우왕에게 사람을 보냈지만, "무조건 요동으로 나아가라!"는 명령뿐이었어.

"이런!"

"군대를 돌리시는 게……."
부하 장군들이 조심스럽게 의견을 냈어.
"왕의 명령을 따르지 않는 것은
반역이라는 걸 모르는가?"
"하지만 질 게 뻔한 전쟁입니다.
병사들을 죽음으로 내몰 작정이십니까?"
장군님은 두 눈을 질끈 감고
한동안 말씀이 없으셨어.
"장군! 새 나라를 세우라는 하늘의 뜻입니다."
부하 장군의 떨리는 목소리에 나도 가슴이 쿵쾅댔지.

가느냐, 마느냐, 그것이 문제로다!

얼마 뒤, 장군님은
큰 소리로 명령을 내리셨어.

당장 개경으로 군대를 돌리도록 하라!

"와! 와!"
병사들은 죽었다 살아난 듯
함성을 질렀지.
우리는 개경으로 군대를 돌려
최영 장군과 우왕이 있는
궁궐로 향했어.
이 사건이 바로 위화도 회군!
위화도에서 군사를 돌렸다는 말이야.

"뭣이라? 이성계가 군대를 돌렸다고?
얼른 군대를 모아라, 얼른!"
소식을 들은 최영 장군은 급히 군대를 모아 맞섰대.
하지만 이성계 장군님이 이끄는 군대를
당할 수는 없었지.
"병사들이여, 궁궐로 가자!"
성난 병사들이 물밀듯이 궁궐로 쳐들어갔어.

장군님은 곧 우왕과 최영 장군을 사로잡는 데 성공했대.
"우아! 우리가 이겼다!"
"이성계 장군님, 만세!"
병사들의 우렁찬 함성이 궁궐 안에 가득 찼어.
우리 장군님, 정말 대단하지?
얼마 뒤 우왕은 강화도로 내쫓겼고
최영 장군은 목숨을 잃고 말았지.

그 뒤로 장군님을 통 뵐 수가 없었어.
"부투리, 어디 있는 거냐?"
날 찾는 장군님의 목소리가 어디선가 들리는 것 같아.
서운해도 어쩌겠어?
고려를 새롭게 바꾸시느라, 무척 바쁘시니.

요즘 백성들은 새로운 희망에 들떠 있어.
물론 나도 그렇고.

문득 위화도에서 장군들이 했던 말이 떠올라.
"새 나라를 세우라는 하늘의 뜻입니다!"
맞아, 어쩌면
장군님의 머릿속에는
새 나라를 세울 그림이
꽉 차 있을 거야.
아, 정말 궁금하다!
장군님이 어떻게
새로운 나라를 세우고
이끌어 가실지!

우리 장군님이 최고야!

2 새 나라, 그 이름은 조선

나, 이성계는 뼛속까지 군인이었어.
평생 전쟁터를 돌고 돌며
병사들을 이끌고 적을 물리치며 살아왔지.
그러나 이젠 나를 따르는 신진 사대부들과 함께
고려를 이끌어 가야만 해.
하지만 아침마다 궁궐로 가는 발걸음이 무거웠어.
백성들의 눈총이 나를 찌르는 것만 같았지.
"썩어 빠진 나라를 바로잡는다더니
어떻게 된 거야?"
"예나 지금이나
먹고사는 게 힘들어 죽겠어!"

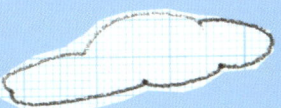

아, 그런데 이를 어째?
신진 사대부들은 서로 생각이 달라 편이 갈리고야 말았어.
급진파와 온건파로 나뉜 거지.
정도전 같은 급진파는 나, 이성계와 손잡았고,

정몽주 같은 온건파는 조민수 장군과 손잡았어.
조민수 장군이 누구냐고?
나와 함께 위화도에서 군대를 돌렸던 장군이야.
이렇게 편이 나뉘어 사사건건 아웅다웅 다투었지.

새 왕을 세우는 것을 두고서도
급진파와 온건파는 서로 의견이 달랐어.

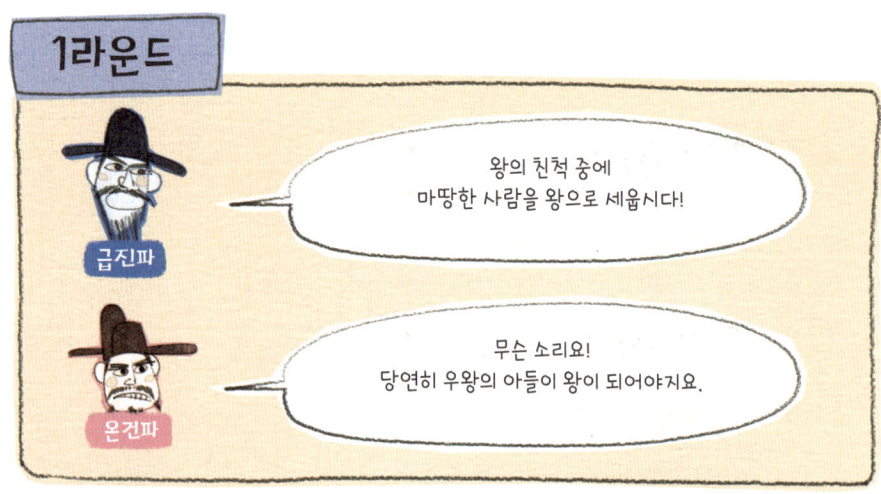

온건파 승!
우왕의 아들인
창왕이 새로운 왕이
되었어.

하지만 그 뒤 1년도 안 된 어느 날, 급진파와 온건파는 다시 맞붙었어.

급진파 승!
우리 급진파는
창왕을 몰아내고
공양왕을
새 왕으로 세웠어.

토지 개혁을 할 때도 티격태격!

권문세족들은 백성들의 땅을 빼앗아 차지하고 있었어.

그 바람에 백성들은 살기 힘들어졌고, 세금도 잘 못 냈어.

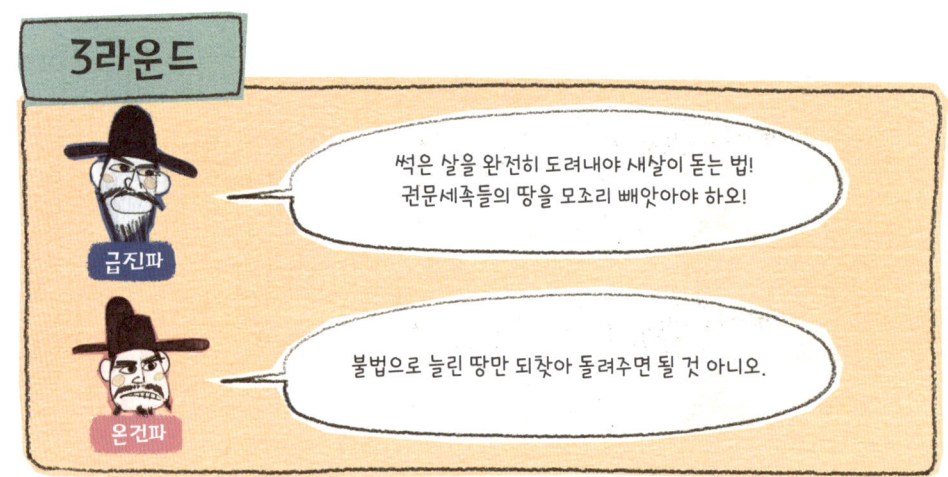

3라운드

급진파: 썩은 살을 완전히 도려내야 새살이 돋는 법! 권문세족들의 땅을 모조리 빼앗아야 하오!

온건파: 불법으로 늘린 땅만 되찾아 돌려주면 될 것 아니오.

결과

이번에도 급진파 승!
우리는 토지 문서를 몽땅 거두어서 불태워 버렸어.
과감하지?

우리는 권문세족들의 땅을
원래 주인에게 되돌려주었어.
그리고 나랏일을 하는 관리들로 하여금
월급 대신 그 땅에서 세금을 거둘 수 있게 했지.
"세금을 거둘 때는 정확히
수확량의 10분의 1만 거두시오!"
이것이 바로 과전법!
군사들과 백성들은 과전법을 반겼어.
세금을 걷는 관리인
신진 사대부들도 좋아하기는 마찬가지.
거꾸로 권문세족들의 불만은
이루 말할 수 없었지.

우리는 이 기세를 몰아 새로운 세상을 열고 싶었어.
"썩은 고려에 더는 충성할 수가 없습니다."
"고려 대신 새 나라를 세웁시다!"
새 술은 새 자루에 담아야 하지 않겠어?
하지만 정몽주를 중심으로 한 온건파의 반대도 만만치 않았어.
"새 나라는 있을 수 없는 일이오.
고려를 지켜야 합니다."
정몽주는 다른 신하들을 설득하며 힘을 모았다지.
"새 나라를 세운다는 것은 반역이고, 신하 된 도리가 아니오!
어쩔 수 없이 이성계와 정도전을 몰아내야 하오!"

나는 정몽주가 일을 꾸미는 줄도 모르고 사냥을 떠났지 뭐야.
아뿔싸! 하필 말에서 떨어져 크게 다칠 게 뭐람.
나는 결국 그 동네에서 자리에 눕고 말았어.
그런데 얼마 뒤, 다섯째 아들인 방원이가 한달음에 달려왔더군.

내가 없는 틈에 온건파가
정도전, 조준 같은 급진파들을 멀리 귀양 보냈지 뭐야.
"내가 개경에서 버티고 있어야 함부로 움직이지 않겠군."
나는 서둘러 개경으로 돌아왔어.

그런데 뜬금없이 정몽주가 우리 집으로 문병을 왔어.
'흠, 내가 얼마나 다쳤는지 살피러 왔군.'
나는 아픈 것을 꾹 참고 얼른 이부자리에서 일어났어.
애써 아무렇지도 않은 표정으로 정몽주를 맞았지.

곧 정몽주는 자리에서 일어섰어.
"이렇게 와 주어 고맙소. 곧 궁궐에서 봅시다!"
그런데 정몽주가 돌아간 지 얼마 안 돼,
내 부하가 다급하게 뛰어 들어왔어.
"장군님! 정몽주 대감이 선죽교에서 죽었답니다!"
"정몽주가 죽었다고?"

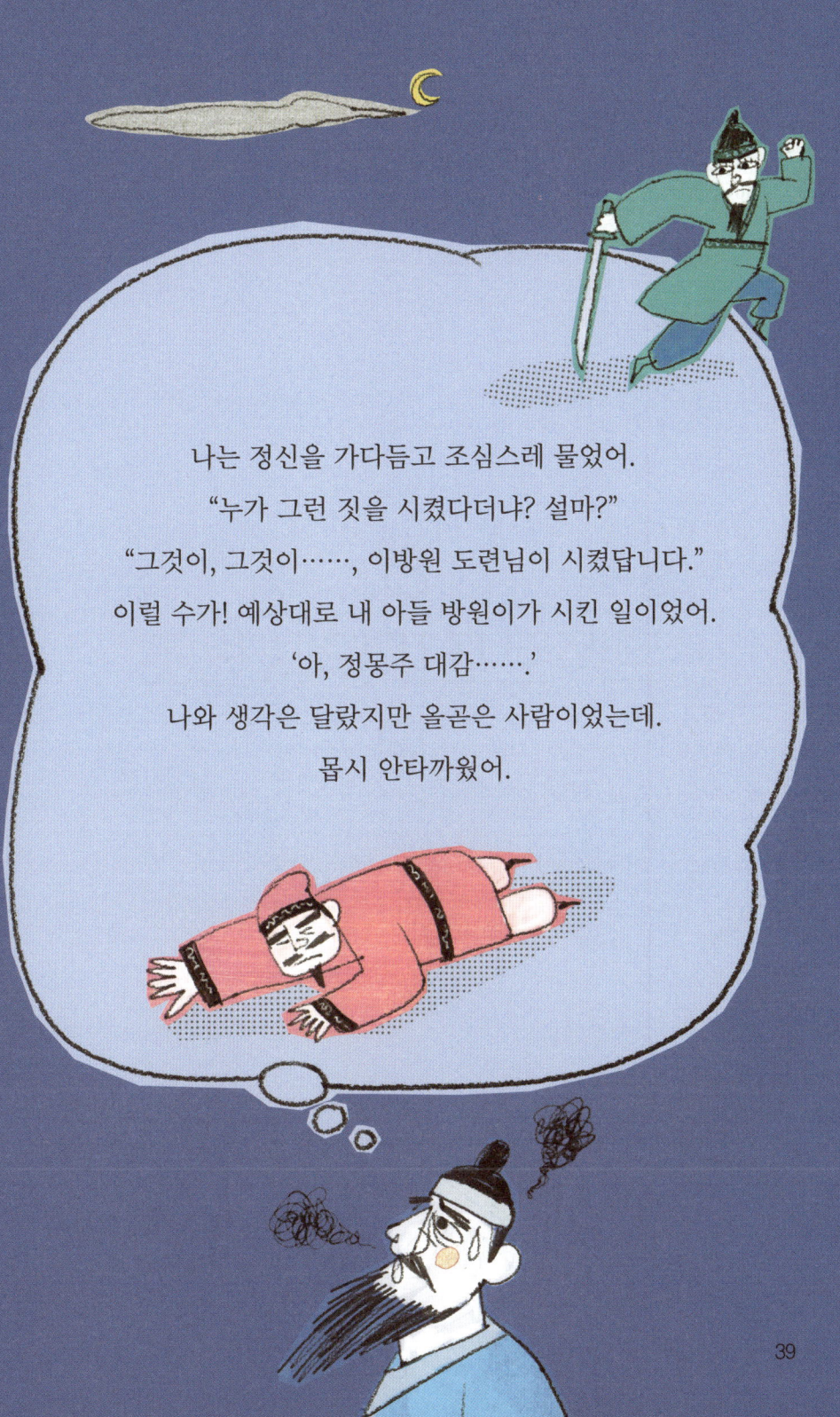

나는 정신을 가다듬고 조심스레 물었어.
"누가 그런 짓을 시켰다더냐? 설마?"
"그것이, 그것이……, 이방원 도련님이 시켰답니다."
이럴 수가! 예상대로 내 아들 방원이가 시킨 일이었어.
'아, 정몽주 대감…….'
나와 생각은 달랐지만 올곧은 사람이었는데.
몹시 안타까웠어.

"너, 이놈!
어찌 정몽주 대감을 죽인 거냐?
정몽주 대감은 고려의 내로라하는
충신이거늘…….
어찌 그리 성급하게 일을
처리하느냐?"
나는 방원이를 불러 혼쭐을 냈어.
"정몽주 대감을 그대로 두었다가는 우리도 위험할 뻔했습니다."
"그게 무슨 말이냐?"
방원이가 정몽주에게 새 나라를 세우는 것이 어떻겠냐고
시로 넌지시 물었다는군.
이렇게 말이야.

하여가

이런들 어떠하며 저런들 어떠하리.
만수산 드렁칡이 얽혀진들 어떠하리.
우리도 이같이 얽혀서 백 년까지 누리리라.

방원이의 시는
만수산 드렁칡이 서로 얽혀 있어도 아무 일 없듯이
우리도 함께 어울려 지내자는 말이었어.
정몽주도 시로 답을 했대.
바로 이렇게…….

단심가

이 몸이 죽고 죽어 일백 번 고쳐 죽어,
백골이 진토되어 넋이라도 있고 없고,
임 향한 일편단심이야 가실 줄이 있으랴.

더 이상 방원이를 나무랄 수가 없더구나.
정몽주의 시는 고려에 대한 충성을 다짐하는 시니,
끝까지 고려를 지키고 그 뜻을 꺾지 않겠다는 거야.
'정몽주 대감, 걱정 마시오.
내가 꼭 우리나라를, 우리 백성들을 잘 돌보겠소!'
나는 마음을 단단히 먹었단다.

위화도에서 군대를 돌린 지 어언 4년!
드디어 내가 왕의 자리에 올랐어.
왕씨 왕조가 아닌 이씨 왕조가 시작된 거지.

"전하, 이젠 나라의 이름을 지을 때입니다."
"옳거니, 새 나라이니 새 이름이 좋겠어."
"전하, 단군이 세운 조선을 이어받아
조선이라 부르는 것이 어떻겠습니까?"
"아니면 전하의 고향인 화령을
나라 이름으로 정하셔도 좋을 듯하옵니다."
조선도 좋고, 화령도 좋았어.
나는 명나라에 두 개의 이름을 보내
명나라 황제에게 이름을 골라 달라고 했지.
그렇게 나라의 이름이 결정되었어.

나와 신하들은 꿈꾸던 나라를 만들기 위해
날마다 바쁘게 움직였어.
무엇보다 백성들을 괴롭히던 불교를 그대로 둘 수 없었어.

왜 유교를 선택했냐고?
유교는 사람으로서 지켜야 할 도리를 밝히는
공자의 가르침 같은 거야.
사람 사이의 관계와 예절을 중요시하지.

특히 신하가 임금을 섬기고,

아내가 남편을 섬기고,

자식이 부모를 섬기는

세 가지 도리를 강조하지.
유교를 따르다 보면, 조선은 질서와 예절이
바로 선 나라가 될 거야!

유교를 퍼뜨리기 위해 우리는 유교를 가르칠 학교를 세웠어.
너희 시대에 있는 대학교라고나 할까?
궁궐과 가까운 곳에는 성균관을 세우고,
지방 곳곳에는 향교를 세워 유교를 가르쳤지.
유교를 많이 공부한 사람을 관리로 뽑았고.

백성들도 유교의 가르침에 따라 생활하게 했어.
온 나라에 임금에게 충성하고
부모에게 효도하라는 가르침이 퍼져 나갔어.
어험! 왕인 나도 가만있을 수 없지.
나도 유교에서 말하는 좋은 왕이 되기로 했어.
올바른 왕이 백성들을 사랑하는 마음으로 나라를 다스려야
백성들도 편안하고, 나라도 발전하는 법!

왕은 신하들로부터 유교 경전을 배우고

신하들은 왕의 잘못에
목숨을 걸고 아뢰기로 했어.
그래야 올바른 왕이 될 수 있으니까.

그렇다고 우리가 유교 퍼뜨리는 데에만 집중한 건 아니야.
나와 신하들은
조선이 전쟁에 시달리지 않게 여러 가지 노력도 했어.

"여봐라,
명나라에 선물을 보내면서
우리 조선이 앞으로 확실히
받들겠다고 아뢰라."
아니꼽지만 어떻게 하겠어?
강한 나라를 잘 달래야 전쟁이
일어나지 않을 테니까.

북쪽의 여진과
남쪽의 왜구는 어떻게 하지?
틈만 나면 침략해 와
백성들을 괴롭히고 있었거든.
"여봐라, 여진과 섬나라 일본에
사신을 보내도록 하라."
싸움보다는 서로 친하게
지내는 게 나을 거야.

아, 앞으로 조선이 어떻게 커 나갈지 정말 궁금해.
내가 가장 아끼는 신하와 머리를 맞대 볼까?
그래, 정도전을 불러야겠다.

3 수도를 한양으로

안녕? 나는 정도전이야.
나 알지? 이성계 장군과 함께 새 나라 조선을 세웠잖아.
요즘 이성계 장군, 아니 태조는 날 부쩍 자주 불러.
"휴, 아직도 고려를 그리워하는 신하들이 많다 들었소.
이제 그만 고려에서 벗어나고 싶은데……."
역시 나라 걱정을 하더군.
"전하! 수도를 옮기는 것이 어떻겠습니까?"
"오, 그렇게 하면 개경에 남아 있는
고려의 기운이 사라지고
옛 고려 신하들의 힘도 약해지겠구려."
"예! 새 수도로 새로운 기운을 불러일으키십시오."

수도를 옮긴다는 것은
한 나라의 운명을 결정짓는 아주 큰 일!
그래서 태조는 평소에 가깝게 지내던 무학 대사를 불렀어.
유교를 받들면서 웬 스님이냐고?
무학 대사는 살기 좋은 땅과
그 땅에서 뻗어 나오는
기운을 볼 줄 알았거든.

"새 수도로
어느 곳이 좋을 것 같소?"
"직접 가셔서 땅의 기운을
느껴 보십시오!"
무학 대사의 말에 우리는 좋은 땅을 찾아 나섰지.

우리는 한양을 거쳐 무악과 계룡산 자락을 둘러봤어.
"오, 신묘한 터로다!"
무학 대사가 계룡산 자락을 두루두루 살펴보고 외쳤어.
"좋소, 이곳을 조선의 새로운 수도로 정하겠소!"
태조의 명령에 따라 서둘러 공사가 시작됐어.
그런데 여기저기에서 반대 목소리가 거세지 뭐야.
"계룡산은 너무 남쪽에 치우쳐 있는 데다,
수도로 삼기에는 비좁습니다."
"강이 너무 멀고, 동북쪽이 막혀 있어서
교통이 불편하옵니다."
태조는 고민 끝에 외쳤지.
"어쩔 수 없군, 다른 곳을 알아봅시다!"

오, 여기는?

괜찮소?

우리는 하륜 대감과 함께 수도를 어디로 정할지 의논했어.
조선의 새 수도인데, 밤을 새워서라도 짚고 또 짚어 봐야 했지.

우리는 한양으로 점점 의견을 모아 갔어.
무엇이 좋고 무엇이 불편한지도 따져 보았어.

그때부터 나는 눈코 뜰 새 없이 엄청 바빴어.
나, 정도전이 새 수도를 건설하는 데 총책임자가 되었거든.
튼튼한 집을 지으려면 설계도부터 짜야 하듯이
나는 그날부터 수도를 어떻게 만들지 궁리했어.

밥을 먹다가도

이렇게 만들어 볼까?

세수를 하다가도

저렇게 만들어 볼까?

말을 타고 갈 때도
온통 수도를
설계했어!

어떻게 만들지?

설계도를 그렸다 찢고!
또 그리고 찢고, 또 그리고!
찢어 버린 설계도만 해도 산만큼 쌓일걸!
그래도 정말 즐거웠어.
내가 꿈꾸던 일이니까 절로 콧노래가 나오지 뭐야.

드디어 한양 설계도 완성!
내 설계의 포인트는 바로 왕이 사는 궁궐을 중심으로
왼쪽에 종묘, 오른쪽에 사직단을 세우는 것!

종묘는 왕이 조상에게 나라를 잘 보살펴 달라고
제사를 지내는 곳으로, 왕이 효를 다하는 곳이야.
또 사직단은 땅과 곡식의 신에게 농사가 잘되게 해 달라고
제사를 지내는 곳이고.
"오호, 유교를 바탕으로
나라와 백성을 생각하는 뜻을 담았구려."

궁궐 예상 모습

정말 마음에 드는구나!

"예. 전하!
그리고 궁궐도 아주 중요합니다.
왕의 위엄이 서야 백성들이 우러러보듯
궁궐도 마찬가지입니다.
궁궐이 위엄 있고 웅장해야
온 세상에 나라의 힘을 떨칠 수 있을 것입니다."
다행히 태조도 무척 마음에 들어 했어.

나는 최고의 자리에 터를 잡고 궁궐을 짓게 했어.
1년여 동안 다들 땀을 뻘뻘 흘리며 정성을 다했지.
"오! 훌륭하오, 훌륭하오!"
태조와 신하들은 완성된 궁궐 앞에서 감탄했어.
"정말 수고가 많았소.
이 궁궐의 이름을 무엇이라 하면 좋겠소?"

"경복궁이라 하면 어떻겠습니까?"
"허허, 오래도록 큰 복이 내린다는 뜻이구려."
태조는 크게 웃으며 고개를 끄덕였지.
그래, 나는 경복궁 이름대로 조선에 큰 복이
오래도록 내리길 바랐어.

다른 나라 사신을 맞거나
세자를 세우는 등의
큰 행사를 치르는
가장 큰 건물은 근정전!
부지런히 나랏일에
힘쓰라는 뜻!

평상시에 일을 하는 건물은 사정전!
늘 올바른 나랏일을 생각하라는 뜻!

왕이 잠을 자는 건물은 강녕전!
바른 사람이 되어 몸과 마음 모두 건강하라는 뜻이지.

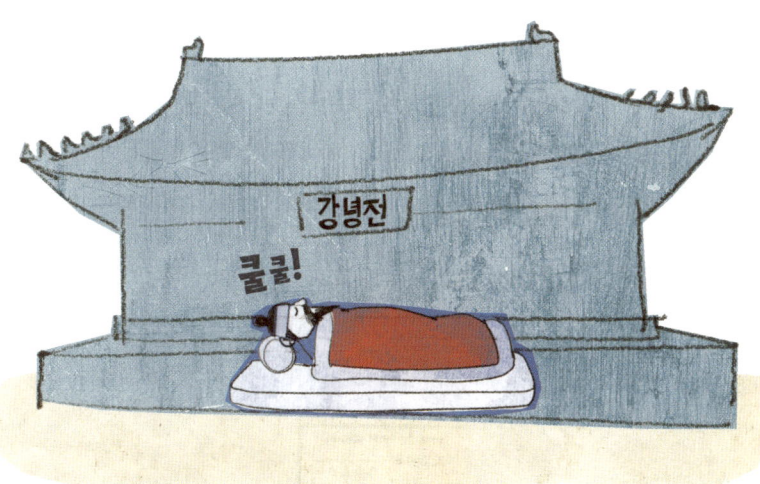

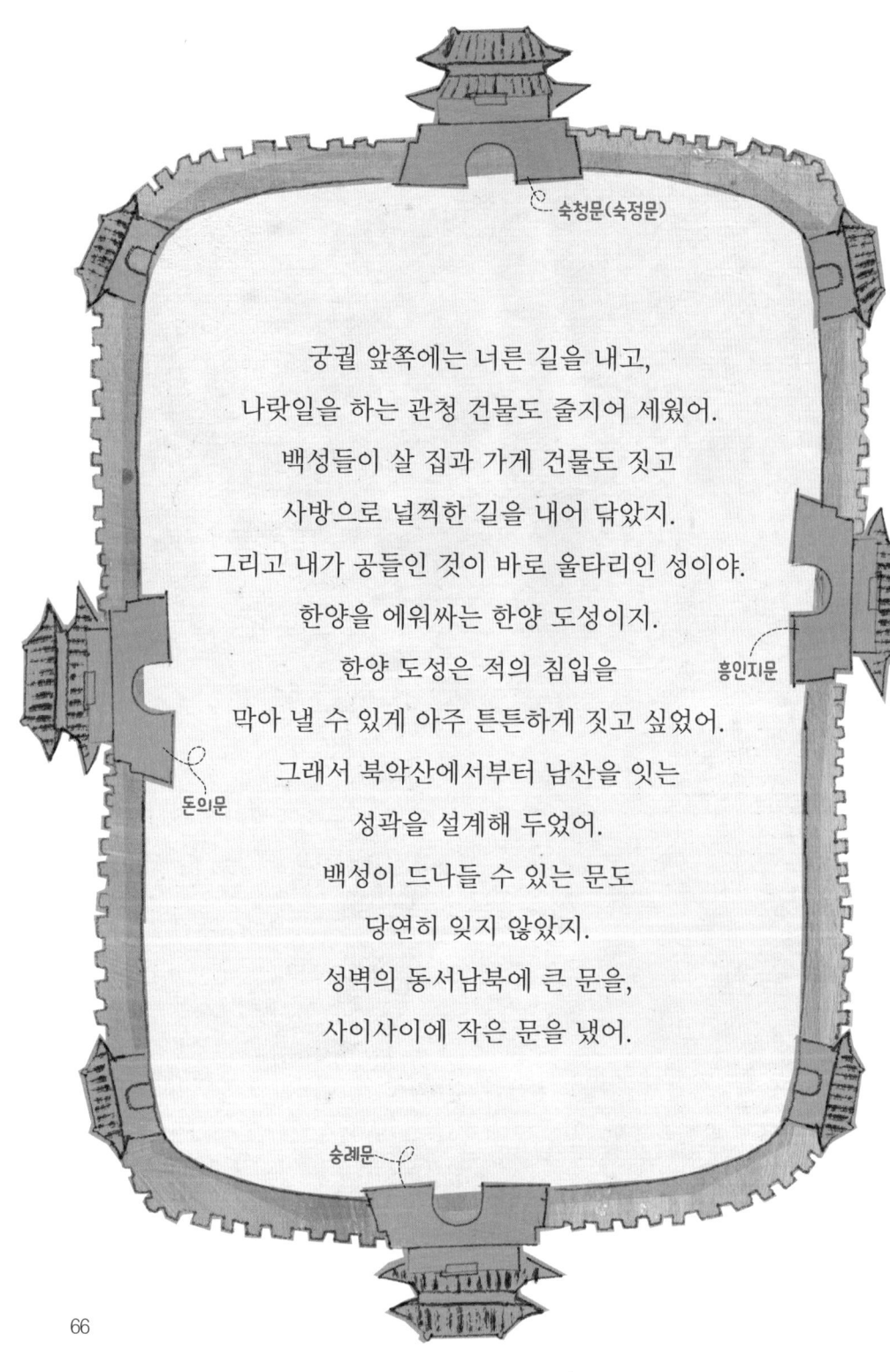

궁궐 앞쪽에는 너른 길을 내고,
나랏일을 하는 관청 건물도 줄지어 세웠어.
백성들이 살 집과 가게 건물도 짓고
사방으로 널찍한 길을 내어 닦았지.
그리고 내가 공들인 것이 바로 울타리인 성이야.
한양을 에워싸는 한양 도성이지.
한양 도성은 적의 침입을
막아 낼 수 있게 아주 튼튼하게 짓고 싶었어.
그래서 북악산에서부터 남산을 잇는
성곽을 설계해 두었어.
백성이 드나들 수 있는 문도
당연히 잊지 않았지.
성벽의 동서남북에 큰 문을,
사이사이에 작은 문을 냈어.

드디어 바라고 바랐던 새 수도 한양이 완성됐어.
"우아, 저렇게 웅장하고 아름다울 수가!"
한양에 처음 온 백성들은 사대문을 보고 입을 다물지 못했어.
한양의 거리며 시장에는 백성들의 활기찬 소리가 가득 찼지.
나는 속으로 크게 외쳤어.
'내가 설계한 한양에서 조선의 미래가 펼쳐진다!'
우리 조선에서 백성들이 어떤 꿈을 꾸게 될지
아직도 마음이 두근두근 설레는군.

4 새 나라를 강하게!

아버님이 자주 편찮으셔.
정도전의 권력은 날로 커져 가고
우리 이씨 왕족의 힘은 점점 줄어드는 것만 같아.
더구나 어리디어린 동생 방석이 세자가 되다니!
나, 이방원은 몹시 심기가 불편해.
세자가 뭐야? 아버님 다음으로 왕에 오르는 자리잖아.
정도전의 꼼수가 분명해!
어린 방석을 왕에 앉혀 놓고
신하들이 조선을
다스리려고 하는 거야.

누가 봐도 조선을 세우는 데 큰 공을 세운 사람은
바로 나라고!
그러니 어린 방석이 아닌 바로 내가
아버님 뒤를 이어 조선의 왕이 되어야 하지 않겠어?
나이로 보나 공으로 보나 내가 맞지.

분명, 정도전이 아버님께 내 험담을 한 탓일 거야.

이런 말도 안 되는 말을 했을 거라고.

내가 왕자라는 이유로, 조선이 세워졌을 때 내 공도 인정하지 않더니.

그렇다고 내가 순순히 물러날 줄 알아?

어림없다고!

나는 몸을 낮추고 때를 기다렸어.

조용히……, 조용히…….

그러던 어느 날, 내 부하가 놀라운 소식을 전하더군.
흠, 정도전은 다른 꿍꿍이가 있는 게 분명해.
왕자들의 힘을 약하게 해 놓고
신하들이 나라를 좌지우지하려고.
온갖 수모를 꾹꾹 참고 벼르고 있었는데 드디어 때가 온 거 같아.
나는 부하들을 앞세워 정도전이 있다는 곳으로
번개처럼 쳐들어갔어.
그러고는 눈엣가시 같은 정도전의 목을
단칼에 베어 버렸어.
"내 앞길을 막는 자는
누구든
이렇게 될 것이다!"

나는 마음을 굳게 먹고
세자인 방석과 의붓동생인 방번을 죽였어.
그러고는 둘째 형, 방과를 왕으로 앉혔어.
그런데 얼마 뒤 넷째 형, 방간이 반란을 일으킨 거야.
어쩔 수 없이 방간 형을 귀양 보냈지.
그랬더니 방과 형이 왕에서 물러나겠다네.
그럼 이제 내가 왕이 될 차례…….
아, 백성들은 나를 향해 손가락질하겠지?
동생들을 죽이고 형도 귀양 보냈다고…….
왕이 되기 위해선
피도 눈물도 없는 사람이라고 수군댈 거야.
하지만……, 괜찮아!
우리 조선을 정도전이 원하는 것처럼
똑똑한 신하에게만 맡길 수는 없었어.
나는 믿어! 강한 왕만이 백성들의 힘을 모을 수 있고,
강한 왕만이 능력 있는 신하들을 잘 다스려서
천년만년 영원한 조선을 만들 수 있다는 것을!

온갖 피바람을 잠재우고
나는 드디어 조선 3대 왕에 올랐어.

빠르다 신문

이방원, 드디어 왕이 되다!

태종!

방원 왕자가 왕이 되었구나!

쳇! 그렇게 왕이 되려고 별일을 다 하더니. 비호감이야!

> 방원 왕자가 좀 무서운 구석이 있긴 하지만, 그래도 방원 왕자만큼 똑똑한 왕자가 없지.

> 암! 좋은 왕이 되실 게 틀림없어!

1400년 11월 28일

새 왕이 된 태종, 조선을 이끌다

오늘 태조의 다섯째 아들, 이방원이 드디어 왕위에 올라 태종이 되었습니다. 태종이 왕위에 오르기까지 여러 가지 일이 참 많았지요. 태종의 측근에 따르면 맘고생도 무척 심했다고 합니다.

> 특히 동생들을 죽이고, 형까지 귀양 보냈을 때 무척 괴로워하셨어요. 며칠 동안이나 밥 한술 못 드셨다니까요.

이러한 고난을 뚫고 왕이 된 태종에게 백성들이 거는 기대도 큽니다.

> 하루빨리 조선을 안정시켜 주었으면 좋겠어요!

> 앞으로는 태종이 가족들하고 사이좋게 지냈으면 좋겠어요!

내가 어렵게 왕이 되었으니 그만큼 더 노력해서
조선을 강하게 만들고야 말겠어!
당장 시급한 목표는 딱 하나!
바로 왕의 힘을 키워서 조선을 안정시키는 것!
왕의 힘을 키우는 데 걸림돌이 되는 사람은
누구라도 용서하지 않겠어!

그런데 왕비의 형제들이 어딘가 수상쩍어.
높은 자리에 앉아 자기들 힘을 자랑하고,
세자를 끼고 거들먹거리잖아.
세자가 왕이 되면 마치 자신들이
왕인 것처럼 굴면서 나라를 망칠지도 몰라.
원래 가까이 있는 적이 더 위험한 법!

**왕권을 위협하면
그 누구도 용서치 않겠다!**

나는 기세등등하게 굴던 왕비의 형제들을 모조리 죽였어.
왕의 힘을 키우는 데 걸림돌이 된다면 왕의 친척이라도,

조선을 세우는 데 공이 컸던 신하라도 거침없이 제거했지.

또 왕족들이 가지고 있는 병사인 사병을 모조리 없앴어.
사병은 반란에 이용될 수도 있잖아.

그때까지는 대부분의 나랏일을 신하들이 의정부에서 결정하고, 왕은 보고만 받아 왔어. 흥, 말도 안 되지.

왕의 말이 지방 곳곳에 전달되는 것도 중요해.
그래야 나라를 제대로 다스릴 수 있거든.
나는 지방 조직을 새롭게 바꿨단다.

곧바로 도와 군, 현에 관리를 보냈어.
그 관리들은 내 분신이나 다름없으니
지방 곳곳을 왕이 직접 다스리겠다는 말씀!

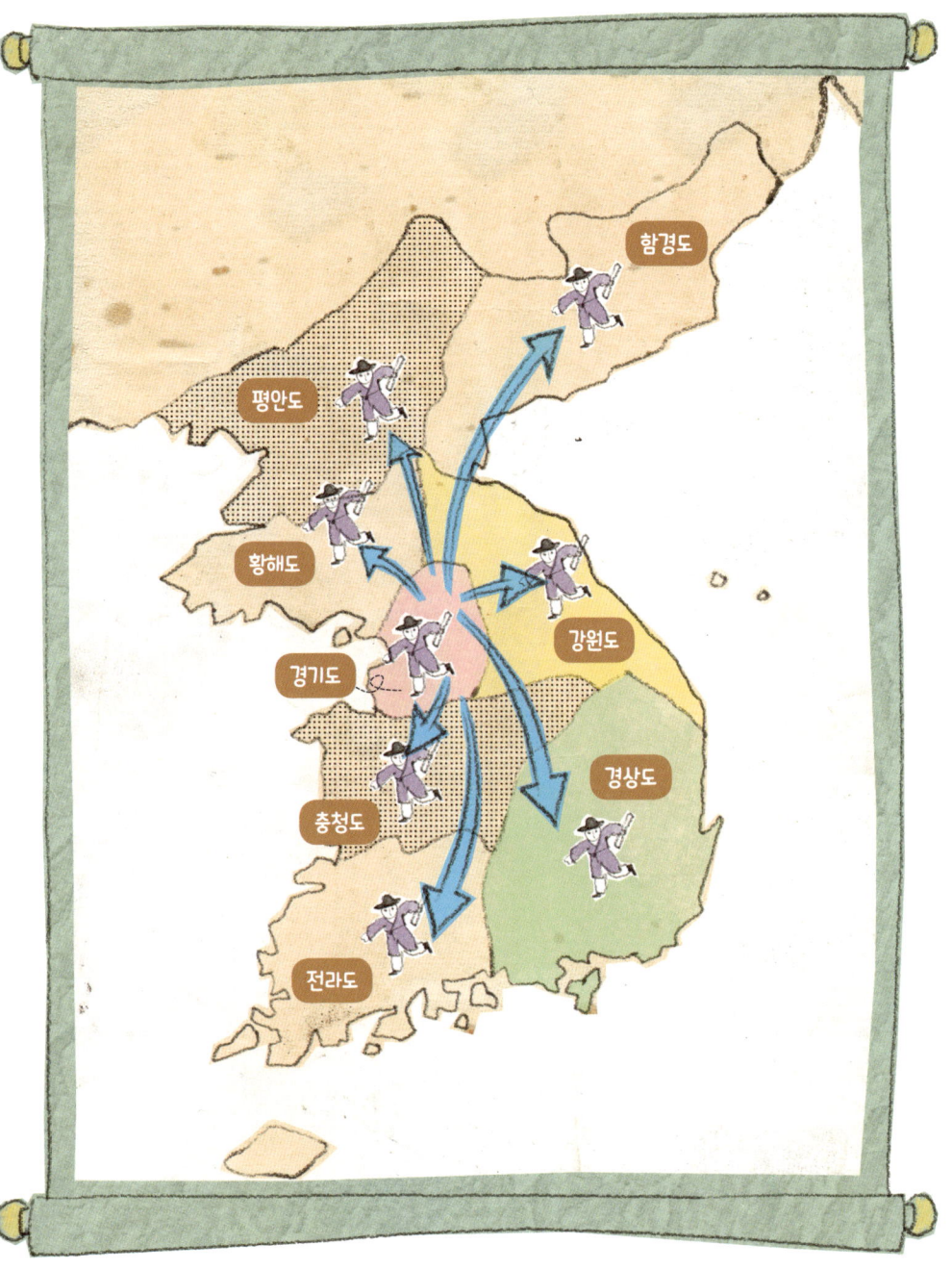

나는 나라 살림을 늘리고 백성들도 잘살게 만들려고
고민을 많이 했어.
나라도, 백성도 잘살려면 우선 땅을 늘려야 했지.
"여봐라, 농사를 짓지 않던 거친 땅을 개발하라!
주인 없는 땅도 찾아내, 그 땅들에 농사를 짓게 하라!"
백성들은 농사지을 땅이 생겨 좋고,
나라에서는 거둘
세금이 늘어나니 좋고!

절이 갖고 있던 땅도
나라 땅으로 거둬들였지.

노비에게는 세금을 거두지 못하니
불법으로 노비가 된 백성이 있다면
세금을 내는 양인으로 되돌려주었지.

큰길가에 장사를 할 수 있는 시전을 만들어서
장사꾼들에게 자리를 내주고 세금을 거두었고.

휴, 바쁘게 달리다 보니 내 나이 벌써 쉰이 넘었더군.
그동안 나는 신하들 몇을 데리고 궁 밖으로 나가
백성들이 어떻게 사는지 살펴보기도 했어.
땀 흘리며 열심히 사는 백성들을 보면
절로 흥이 나고 미소가 지어졌지.
관리들은 저마다 맡은 일을 하느라 바쁘고
병사들도 나라를 지키느라 눈을 부릅뜨고 있었어.
"이제야 조선의 밑바탕이 튼튼해졌구나!"

문득 아버님과 정도전 얼굴이 떠올랐어.
사실 내가 추진한 정책들 대부분은
정도전이 고민하며 그 기초를 닦았지.
나와 정도전은 꿈꾸는 바가 같았거든.
다만 왕이 중심이냐,
신하가 중심이냐에 대한 생각이 달랐을 뿐.
'보시오. 내가 당신이 꿈꾸던 나라를 만들었소.'

그런데 요즘
나에게 걱정거리 하나가 생겼어.
큰아들인 세자가 놀기만 하고,
공부는 뒷전이지 뭐야.
'허허, 저렇게 해서
어찌 조선을 이끌겠는가?'
자고로 왕은 신하들과
지혜를 모아 나랏일을 하고,
백성을 사랑하는 마음으로
보살펴야 하거늘.

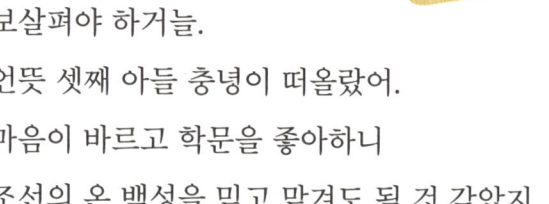

언뜻 셋째 아들 충녕이 떠올랐어.
마음이 바르고 학문을 좋아하니
조선의 온 백성을 믿고 맡겨도 될 것 같았지.

결국 큰아들 대신 셋째 아들 충녕을 세자로 앉혔어.
나는 당분간 뒤로 물러나서
충녕이 왕으로서 단단해질 때까지 돌보며
응원해 줘야겠어.
아! 충녕이 이끄는 조선은 과연 어떻게 발전할까?

재미만만 한국사
조선
역사는 흐른다

홍건적의 침입.
1359~1361년

최무선, 화약 무기 만듦.
1377년

한양으로 수도 옮김.

한양으로 가자!
1394년

새 나라의 이름을 조선으로 정함.
조선
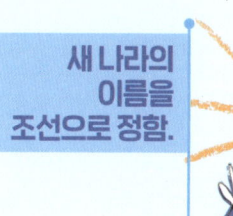
1393년

종묘와 경복궁 완성.
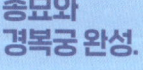

내가 만들었어도 멋지네!
1395년

글 김해등

비금도에서 태어나 대대로 소금 장수 집안에서 자랐습니다. 소금 장수가 되는 것이 꿈이었으나 제1회 웅진주니어 문학상을 받으며 작가의 길을 걷게 됐습니다. 대산대학 문학상, MBC 창작동화 대상, 정채봉 문학상 대상을 받았습니다. 쓴 책으로는 『전교 네 명 머시기가 간다』, 『흥부전』, 『별명폭탄 슛!』, 『나비 부자』, 『도도한 씨의 도도한 책빵』, 『아홉 시, 댕댕시계가 울리면』 등이 있습니다.

그림 오승만

'한국출판미술대전' 및 '한일만화공모전' 등에서 입상했습니다.
머리에 떠오른 재미난 생각들을 스케치하고 색칠하고 오리고 붙이는 것을 좋아합니다. 그린 책으로는 『오스만 제국과 함께한 케밥』, 『이순신의 생각실험실』, 『구석구석 놀라운 인체』, 『나한테 화학이 쏟아져!』, 『으랏차차 세상을 움직이는 힘』 등이 있습니다.

감수 하일식

연세대학교 사학과를 졸업하고, 같은 학교 대학원에서 고대사를 연구하여 박사 학위를 받았습니다. 현재 연세대학교 사학과 교수로 학생들을 가르치고 있습니다. 쓴 책으로는 『신라 집권 관료제 연구』, 『경주 역사 기행』, 『한국 고대사 산책』(공저), 『고려시대 사람들의 삶과 생각』(공저) 등이 있습니다.